Chairs et Champs

Le Dragonologue

Chairs et Champs

Poésie libre

© 2025 Viktor David (Le Dragonologue)

© Illustration : May (Instagram : @bisousbaveux_)

Correction : Typhaine Garnier

Édition : BoD · Books on Demand,
31 avenue Saint-Rémy, 57600 Forbach, bod@bod.fr

Impression : Libri Plureos GmbH,
Friedensallee 273, 22763 Hamburg (Allemagne)

ISBN : 978-2-3225-7270-0
Dépôt légal : Mars 2025

Pour toutes les chairs
qui traversent des champs
de mines, de ronces ou de tulipes.

Attention : mention de mort, décomposition, organes et douleurs physiques.

Langage

Il alluma une bougie.
Et c'était un mot qui dans un langage
    ancien signifiait présence.

Des grattements de souris.
Et c'était un mot qui dans un langage
    félin signifiait pitance.

Courant d'air au-dehors.
Et c'était une phrase qui annonçait
    pluie dense.

Meuglement par temps fort.
Et c'était une phrase des campagnes
    de France.

Le corps parle

Écoute-le, il est bavard
De gestes autant que de douleurs,
De vestes autant que de couleurs.

Écoute-le faire sa fanfare
De masses, de tailles et de cultures,
De lieux, de rêves et de structures.

Écoute-le tard le soir,
Quand il pleure l'absence d'un être,
Qu'il crie pour les faire disparaître.

Écoute-le faire déversoir
De sa haine et de son amour,
De sa peur et de sa bravoure.

Écoute-le donc se mouvoir,
Déplacer des collines, des forêts,
Transporter le poids des années.

Écoute-le battre avec toi,
Écoute-le quand tu le dois,
Écoute-le donc se gonfler
De l'orgueil de l'Humanité.

Doigts

Petits doigts gourds et gelés
Sont venus se blottir.
Quand les tiens les ont enveloppés
Je les ai vu rougir.
Tu les as serrés si fort !
Ils ont cru mourir…
Et ils ont joué la mort
Pour te faire sourire.

Abysses

Un monde noir, sombre,
Qui grogne.
Des fantômes en surnombre,
Des charognes.

Grincement chaotique
Autour de corps flottés.
Des postures dramatiques,
Autres sons : effacés.

Respirant le solide
Qui les porte, les englobe.
Sous leurs pieds : éolides,
Calamars, poissons-globes.

Cette danse profonde
Dans les carcasses trempées
Qui ronronnent, qui grondent.
Obscure éternité.

Un grand vide de doutes,
Où les mystères qui restent
Se dévoilent goutte à goutte,
Près des anciens qui siestent.

Printemps particulier

J'ai entendu le vent siffler,
En cette tendre journée,
Les rapaces qui s'envolent au-dessus
    des vergers.

Entre les fleurs et les abeilles,
Entre les monts et les merveilles,
Je viens m'allonger dessous les treilles.

Avec l'odeur des ruisseaux,
La douce chaleur des renouveaux,
Le chant des grenouilles dans les
    roseaux.

Je détends mon corps meurtri,
L'herbe chatouille, je souris
Et j'observe le soleil qui s'assoupit,

Dans ce printemps particulier,
Dans l'euphonie, je suis bercé,
Par le vol des corbeaux dans le
    coucher.

Rencontre

Ce sont d'étranges nuages
Qui doucement s'accumulent
Et qui, sans ailerons, nagent
Au sein d'un monde de bulles.

Ils dansent pour se mouvoir,
Et brillent pour se comprendre.
Un grand ballet d'ivoire,
Au-delà du scaphandre.

Toutes les pulsations
Sont des jets d'amour pur,
Écho des sensations,
De flasques créatures.

Mais si on passait nos mains
Au cœur de leurs gélatines,
Mortellement, leur venin,
D'une poigne serpentine,

Stopperait net la rencontre
Entre nous et les méduses.
Ce déliement malencontre
Cela les rendrait confuses.

Léon, Léon !

Léon, Léon !
Longue ligne sur l'aquilon
Un machaon caméléon
Lancinante lyre ou violon

Léon, Léon !
Lange longé de médaillons
Je languis ton carillon
Lancination du trublion

Léon, Léon !
Ligne lourde du félon
Glissade lente au panthéon
Qu'on lui lance un bâillon

Au paon, Léon !!

Les étoiles du jour

J'ai vu les étoiles du jour,
En plein vol, tout autour.
C'étaient de fins blancs de nacre
Qui du printemps étaient le sacre.
Elles dansaient dans l'air pur,
Si fragiles créatures…

J'ai vu les étoiles du jour,
À mes pieds, dans le détour.
Scintillement du sol de pierre,
Quartz brillant à mes paupières.
Elles brûlaient à même le sol,
Entre les champs de tournesols.

J'ai vu les étoiles du jour,
Quand le soleil m'a rendu gourd.
Allongé dans l'herbe fraîche,
Elles me piquaient, fendaient en
    brèche.
Dans le noir de mes yeux clos
Se dessinait leur tableau.

J'ai vu les étoiles du jour,
Quand après mon calembour
J'ai vu ton œil étinceler,
Ton être s'illuminer.
Et quand tu riais encore,
À la nuit tombée.

Tout potit

Un tout petit pot

Pour une toute petite plante

Sur une toute petite table

Dans une toute petite salle

Dans mon tout petit cœur

Les arbres

J'ai marché dans les rues des villes,
Dans tous ces endroits jugés civils,
Dans ce bordel
Sensoriel.

Assis, j'ai écouté rouler la rocade,
Le périph, l'autoroute, la cavalcade
Des montures,
Des voitures.

J'ai vu les plus grands hôpitaux,
Loin de mes déserts médicaux,
Aux odeurs
De faucheurs.

J'ai tenté d'aimer le béton, le goudron,
Mais mes pieds disaient : « Nous
    souffrons,
On endure
L'imposture. »

Et quand fut l'heure de rentrer,
Premier arbre sur la chaussée,
J'ai faibli,
J'ai blêmi.

Mais Dieu, d'un épuisement si doux,
Qui vient vous serrer jusqu'au cou,
Et ces larmes,
Qui désarment.

Au loin s'enchaînaient les montagnes
Qui, peu à peu, de la campagne
Émergeaient,
Rengorgeaient.

Sur le chemin, j'ai lentement réalisé
Le vide que la nature m'avait laissé,
Cœur creux,
Douloureux.

Mais dans l'ombre des grands
    bâtiments,
Je m'influence négativement,
Englouti
Dans l'oubli.

Car en oubliant le bonheur,
J'oublie aussi les horreurs,
Mais je vis
L'infini.

Recherchant jusqu'à n'en plus pouvoir
Ce que j'ai perdu dans l'étouffoir :
La forêt,
Les sommets.

Et dans mon siège, j'ai pleuré,
Car les arbres m'avaient troublé.
Plus jamais
Je ne les
quitterais.

Asticot

22

Asticot asticote.
Suce le sang, le suc, l'os.
Que tes chicots chicotent.
Pas de chipote.
Mort en compote.
Abricots, produits fécaux,
Rhinocéros.
Laisse faire ton appétit féroce.
Asticot asticote.
Suce le sang, le suc, l'os.

Les arbres 2

Que voulais-tu, Tilleul,
Attraper sur la rive ?
Tout ce que certains veulent,
Tout ce qui les dérive ?

Ou voulais-tu seulement
Accueillir dans tes branches
Le passage du temps,
Qui les fait devenir blanches ?

Comme ton ami Bouleau,
Qui trop blanc est devenu.
Le soleil dans son dos
Lui était malvenu.

Sur les bords de la Loire,
Dans le vert foisonnant,
Garde comme faire-valoir,
Feu le grand Bouleau blanc.

Il a rejoint le Pin
Du sentier botanique,
Qui avait mauvais teint,
Une posture oblique.

Il est parti sans mal,
Et à côté du tronc,
Comme une pierre tombale,
Était inscrit son nom.

Aucun arbre ne pleure,
Mais l'un d'eux a crié.
Exprimant sa douleur,
Par un visage figé.

Dans les nœuds d'une Trogne,
J'ai vu le cri de Munch,
Et c'est une cigogne
Qui a fermé sa bouche.

Mais cette dépression
N'est pas commune à tous.
J'ai vu une digression
Près d'une mare d'eau douce.

Un grand Chêne joyeux,
Qui accueillait la vie.
Dans ses racines, radieux :
Des lapins endormis.

En parlant d'animaux,
Non loin d'une falaise,
Des Frênes amicaux,
Prenaient de bien drôles d'aises.

Accroupis dans la fouille,
Inconfortable, certes,
Des cuisses de grenouilles,
De mousse recouvertes.

Le dernier pour la fin,
Aux tiges ébouriffées :
Un petit brin d'humain
Dans son air renfrogné.

Un Platane vieillard
Aux sourcils en épis,
Un ton un peu geignard
Sous sa barbe fournie.

Hâte de découvrir
Les prochains spécimens
Qui bientôt vont fleurir
Où le chemin me mène.

Machaon à plumes

J'entraperçois
Derrière les fleurs
De belles couleurs
Pleines de joie.

Elles glissent aussi
Contre le vent
En ondoyant.
Les revoici !

Je les vois mieux.
Un papillon ?
Un tourbillon ?
C'est noir et feu.

Des ailes d'anges,
Comme une brume.
Une fée à plumes,
Brillant mélange…

La triste embrassade

Elle essuie ses mains sanglantes
Sur le chiendent près du ruisseau.
La bête des contes d'épouvantes,
Elle sanglote, elle n'a pas chaud.

Pas chaud comme les enfants du Nord,
Mais eux ont une cheminée.
Celle-ci doit dormir dehors,
En plein hiver comme en été.

Plus un ami pour l'accueillir,
Et les églises n'en voudraient pas.
Y a des chasseurs pour la faire fuir,
Alors personne ne la voit.

Sauf quand c'est leur dernière vision,
Qu'ils ont osé partir de nuit,
Seuls, pour visiter le fond
De la forêt où elle vit.

Là, ils la mirent, grande et entière,
Fondre sur eux, toutes dents dehors,
Et ce grand monstre, cette chimère,
Se réchauffe contre leur corps.

Mais ça ne dure pas très longtemps,
Car ils finissent par refroidir.
Ils se vident de leur sang
Et ils se mettent à sentir.

Alors elle pleure de nouveau,
Elle dépose de lourdes pierres
Contre ces sacs de chairs et d'os.
Elle frissonne dans sa prière.

Ensuite elle rejoint la rigole
Et se rince pour la millième fois
De tout ce rouge qui la bariole,
Cette pauvre grand'bête des bois.

Aïe Aïe

J'ai mal
Douleur
Au foie
Au cœur
Tordu
Malheur
J'oublie
C'est l'heure
Des grands
Honneurs
Table
De cœurs
Qui vrille
Le mien

Je n'ai plus faim.

Famille Framboisier

Monsieur Framboisier devant la
    fenêtre,
De son bec doré, dans la haie de hêtre,
Tâte les nouveau-nés dont il est
    l'ancêtre.
Fantôme du jardin dont il est le maître.

Madame Framboisier, qui vient
    comparaître,
Sautille à cloche-pied dans le
    périmètre.
Le nez dans la terre, on la croirait
    paître,
Mais ce serait la méconnaître.

Le mari et la mariée, qu'il ne faut
    point omettre,
Dans ce bout de verdure tout à fait
    champêtre,
Nous offrent le plaisir de réapparaître,
Au travers des branches et feuilles qui
    s'enchevêtrent.

Et avant de partir, nous offrent une
    lettre,
Précisant qu'ils voleront bientôt pour
    renaître,
Qu'ils nous appréciaient beaucoup, les
    gens à la fenêtre,
Mais que le moment est venu pour eux
    de disparaître.

Au revoir Monsieur Framboisier !
Au revoir Madame Framboisier !
Ce fut un plaisir de vous connaître !

En allant chercher le courrier

32

J'ai pleuré,
En allant chercher le courrier.
Tout ça parce qu'un oiseau chantait.
J'ai pleuré,
Car dans mon for il a brisé
Une défense que je cachais.
J'ai pleuré,
Ces si beaux trilles ont fait vibrer
Mon cœur que je tenais secret.
J'ai pleuré,
Petit Chardonneret, j'ai pleuré.

V

Tu as lancé du feu grégeois
Dans l'intérieur de mon ventre,
Et ça crépite encore ce soir.

En seule cause de mes émois,
Mon corps est devenu ton antre.
Tes bras seront mon mouroir.

Tes dents sont une déchirure
Qui fait frémir jusqu'à mes os ;
Elles s'éternisent dans mon sommeil.

La décadence m'a semblé pure,
Aussi douce qu'un torrent d'eau
Mué en un sanglant vermeil,

Et j'ai coulé entre tes lèvres.
Les miennes n'ont pas fait de bruit.
C'était le silence des caresses.

Elles ont apaisé la fièvre,
Qui me reprend toutes les nuits.
C'est toi qui bois mais j'ai l'ivresse.

La chambre s'est alors peinte,
Elle environnait ton visage.
Je ne voulais que te voir,

Dans la chaleur de l'étreinte,
Dans le plus beau des corsages.
Tes bras seront mon mouroir.

Drôle de poule

J'ai croisé une drôle de poule,
Elle courait vite, elle courait vite !
Mais elle était trop petite,
Ne rentrait pas dans le moule.

J'ai croisé une drôle de poule,
Elle courait vite, elle courait vite !
Mais elle était trop grosse, trop
    enduite,
Pour être une caille dans la ciboule.

J'ai croisé une drôle de poule,
Elle courait vite, elle courait vite !
Mais dans la course, dans la fuite,
J'ai pris en photo sa cagoule.

J'ai croisé le faisan obscur,
Il courait vite, il courait vite !
Une timidité à l'état pur,
Mais à l'anonymat en faillite !

Perroquet

Que m'as-tu dit ce jour-là ?
Souviens-toi.
Dans une armée de bichons,
L'enfant avec les joues d'un rond !
Tu étais sur ma petite épaule,
Et ça me faisait tout drôle.
Je marchais d'un pas très lent,
Intimidé. Tu étais grand !!
Et devant toute la belle famille,
J'ai senti un truc qui fourmille,
Là, tout près de mon oreille,
Comme le bourdonnement d'une
   abeille.

Tu disais quelque chose,
Dans mon lobe tout rose,
Mais tu l'as croqué,
Sacré perroquet !!
Je n'ai pas entendu, mon cri l'a
   couvert.
Les reflets dans mes larmes, c'était
rouge, bleu, vert !
J'ai fui dans la voiture,
C'était trop d'aventure.

Mais depuis, je me pose la question…
Me faisais-tu une leçon ?
Car celle que j'ai retenue
Au cours de notre entrevue,
C'est que l'ange que j'ai cru posé sur
    l'épaule
Était un démon aux plumes sentant le
    vol.
Mais aussi la mangue
Du bout de sa langue…

La mare

J'ai trempé mes mains dans la mare
Mais c'était un ruisseau
La nomination est un art
Acquis des cours d'eau
Mais en l'adonnant sans faire gare
Ils nominèrent faux

Les astres

Jamais autant qu'avant, tes danses
    lumineuses
Ne m'ont paru si ternes, si lentes, si
    creuses.
Au temps des jeux heureux, tu
    m'éblouissais d'or,
Connectais dans les cieux nos
    marelles d'alors.
Tes nuits noires d'hiver faisaient
    tomber la craie.
Tes étoiles au sol, jusque dans le
    palais.
Lors des fêtes subies, au loin dans les
    grands stades,
Étalé dans les herbes, bercé par ta
    ballade,
Ton calme, lourd et sourd, cotonnait
    mes oreilles,
Cirait les sons des autres, jetant au
    sommeil
Mon tout petit corps gourd :
    enveloppé de ténèbres.

Pourquoi au même endroit parais-tu si
    funèbre ?
T'es-tu lassé des hommes qui t'ont
    trop sondé ?
Pourtant mes yeux d'enfant ne t'ont
    jamais cherché.
Est-ce là le problème : t'avoir sous mes
    yeux ?
Surtout ne réponds pas, ne me fais pas
    d'aveux.
Restes à la nature, continue de briller,
Et si ce n'est pour moi, pour les autres,
    pitié.
Continue de tourner, de répandre tes
    plumes,
D'enchanter leur présent et toutes
    leurs coutumes.
Je regarderai, las, ailleurs que dans
    ton cœur,
Je n'y vois désormais que le reflet des
    pleurs.

Voyons à mes côtés : le vent et les
    marées,
Qui emportent les fleurs, mes cheveux
    déliés.
Ma chaumine qui fume, et le feu qui
    m'attend,
Et cette pente douce, couvertures
    d'ornements.
Ces alentours sereins, détournés de là-
    haut,
Me font réaliser que dans tout ce
    chaos,
C'est quand le ciel est noir, recouvert
    de nuages,
Que tout notre univers nous paraît un
    mirage.
Il étincelle alors, éclairé comme au
    jour.
La lune ne luit pas ; le rayon c'est
    l'amour.

Dans un œuf

42

Presque tous les soirs, je m'endors
    dans un œuf,
Scrutant tout l'univers par un terne
    œil-de-bœuf.
En boule dans des draps d'eau, tout
    doux,
Je me laisse bercer par les faux
    remous.

Et j'imagine mon corps qui évolue.
Une queue, des cornes, des choses
    farfelues.
Parfois je suis seul, souvent j'ai dans
    mes bras
Un ami, un amant, dos contre la paroi.

Et je respire la lymphe qui nous porte,
Nous protège, nous chérit, et
    m'emporte
Dans un long rêve éthéré où je couve,
Et j'attendrai demain que la coquille
    se rouvre.

Instrument à vent

Depuis l'orée du bois,
J'écoute vos hautbois,
Sonner vos grands clairons,
Et ainsi font, font, font...

Alors je mets mes groles,
Au rythme des casseroles,
Des ténors, des basses et sopranos,
De ceux qui chantent bons et ceux qui
    chantent faux.

Je tourne la poignée de ma porte qui
    grince,
Et pars sans la fermer, suivre la voix
    des nymphes,
Mais dès mes pieds posés au cœur
    des arbres,
Vous faites un silence qui fait du vent
    du marbre.

Mes pas brisent la quiétude
Sur toutes les latitudes,
Alors je me tais,
Inspectant les fourrés, les futaies.

Tout grince comme ma porte,
Plus de bassons que le vent emporte.
J'entendrais presque chuchoter,
Alors pour me rasséréner…

De toutes mes forces, je siffle,
Pour réveiller les sylphes
Qui tout à coup repartent,
Chantent, enchaînent les quartes.

Je m'enveloppe du concert
Dont on peut être fier,
Accueilli par la vie,
Dans sa cacophonie.

Dormir dehors

45

Le bois craque à gauche,
Le bois craque à droite,
Devant, derrière,
Ça nous renifle par terre.

Un concert de renards,
Qui vient nous bercer le soir,
À gauche, à droite,
En haut, en bas,
Enfin c'est ce que l'on croit.

Litanie d'une nuit,
Nous n'avions aucun répit
À gauche, à droite,
Devant, derrière,
En haut, en bas,
Remuait tout le sous-bois !

Composé avec Vahinerii Lambert

Le corps, encore

Où que je regarde, je te vois,
Je te sens, tu me sens, et tu nous
    sentiras,
Quand on rejoindra à nouveau ta
    chair,
À l'infini, mère.

Tu caresses nos âmes endormies,
De vent, de vers et de bruyères.
Et avec lenteur, tu délies
Notre vaisseau contre la terre.

Une chanson d'obsolescence,
Où nous puisons dans ton essence,
Encore et encore.

Ce que l'on a pris te revient,
Tu redistribueras tes biens,
Encore et encore.

Pitch

Dans le froid de janvier aux pauses
  sans chauffage,
Je tournais dans l'écurie, faisais courir
  mes mains
De croupe en croupe, et parfois le
  voyage
S'arrêtait sur ton dos comme dans un
  refrain.

Je glissais mon bras court jusque sous
  ton épaule,
Remontais par ton cou, tes joues et
  ton chanfrein,
Et rien, pas même la mouche qui nous
  frôle,
N'aurait su mettre un terme à l'instant
  aérien.

Ce n'est que l'heure tournant
Comme je tourne avec toi
Qui me rendra absent.

Le travail m'appelant,
Je retournais au froid,
Jusqu'à l'arrêt suivant.

J'ai faim

48

Toutes ces heures que j'ai passées,
  acharné,
Petit corps frêle dans l'onde vive,
  peiné.
Le grand filet vide du tant voulu repas,
Après feu la semonce : future Cène fila.

Peurs comme représailles gonflaient
  mes entrailles,
Pourtant elles sont vides ; ce soir pas
  de ripaille.
La mégère et son chien ont volé ma
  bombance.
Si j'étais président : ils sortiraient de
  France.

Mais voilà, ma tristesse doucement
  reprend droit
Sur mon cœur et ma tête, et tout ça
  me rend coi,
Que diable dois-je faire à mon cher
  beau poisson,

Pour qu'il redevienne mien ; chair,
    écailles, sang,
Qu'il s'attarde à ma table et désormais
    soit franc,
Qu'il dise : mon ami, mange-moi donc,
    allons !

Contre-courant

50

S'enfoncer dans l'abysse,
Affronter les lamproies
Affronter l'empire froid
Et ses parois d'eau lisse

Le monde

Le monde se livre à bien des choses,
Oh, bien des choses,
Qui m'indiffèrent.
Le monde livre bien des roses,
Oh, bien des roses,
Sur ma pierre.

Le monde tourne autour de moi,
Oh, et sans moi,
Il change d'ère.
Le monde tourne à chaque pas,
Et chaque pas,
Sonnent les fers.

Le monde roule autour du parc,
Autour des lacs,
Et du cimetière.
Mais le monde m'est bien opaque,
Oh, le bois craque,
Sous la terre.

Le monde se livre à bien des choses,
Oh, bien des choses,
Qui m'indiffèrent.
Car aujourd'hui je me repose,
Me décompose,
À ma manière,

J'ai fui la Guerre.

Jackalope

Le feu du soleil brillait à peine au loin,
Quand de l'apparition je fus témoin.
Elle bondissait au bord d'un pré, telle
    une ombre,
Cette silhouette élancée, dans la
    pénombre.
Grande comme un chevreuil, sautant
    comme un lièvre,
Solitaire et rapide, vive et mièvre.
Ni tout à fait l'un, ni tout à fait l'autre,
Elle a fui et j'en détiens la faute.
Lapin à cornes ou bien cerf à griffes ?
Je n'ai pas su décoder ses glyphes.

Que m'avez-vous fait ?

Je m'enfonce dans votre ombre
Qui me semble plus claire
Que tous ces chemins sombres
Où les hommes s'affairent,
Et c'est en ce seul lieu
Que je lève les yeux,
Et c'est sans faire de vœu
Que je deviens heureux.

Admirant vos carcasses
Rongées contre le sol,
Et toutes vos mousses grasses
Que mon sourire accole.
Je trottine à vos pieds,
Pourtant je ne cours jamais.
Pourquoi suis-je si gai ?
Mais que m'avez-vous fait ?

Fresque

Fresque tordue,
Que la branche du pommier.
Alambiquée,
Que la vie qui la mue.

L'âme

Quelle forme prend ton âme,
Dans ton cocon de peau ?
Est-elle un homme, une femme ?
Quelque chose de nouveau ?

Est-elle dans une prison
Ou en pleine harmonie ?
Parcourue de frissons
Et en pleine atrophie ?

Est-elle ton écho,
Ton plus parfait miroir ?
Est-elle ton fardeau
Qui te hante le soir ?

Quelle place prend ton âme
Dans le cours de ta vie ?
Fait-elle verser tes larmes ?
Est-ce qu'elle se justifie ?

Est-elle décisionnaire,
Ou te fait-elle douter ?
Te prend-elle trop d'air,
Ou vient-elle t'en donner ?

Est-elle ton amie,
Ta demoiselle d'honneur ?
Est-elle une maladie,
Qui t'apporte malheur ?

Pourquoi l'aimes-tu autant ?
Ne prend-elle pas trop d'aise ?
Pourquoi est-ce qu'elle te tend ?
Pourquoi est-ce qu'elle te pèse ?

Pourquoi vouloir cacher
Ce que l'on est vraiment ?
Et pourquoi s'affoler
Quand jamais l'on ne ment ?

Quoi qu'elle soit, quoi qu'elle fasse,
Et c'est ce qu'il y a de plus beau,
C'est ensemble que l'on fait face,
Dans notre cocon de peau.

Le Maraîcher

Que j'aimais ces matins, à marcher
   dans la boue.
Aux quatre vents, sous l'orage,
Entouré d'animaux d'élevage.

Poème du Voyageur

À toi qui m'écoutes et qui peux,
D'un geste, nous rendre chanceux,
Accorde-nous ton aide, chante.
Fais fuir les dangers qui nous hantent.

Garde-nous des voleurs, des sournois,
Que de nos biens ils ne s'emparent
    pas.
Ni mes comparses, ni mon cœur, ni ma
    vie,
Que chaque rencontre nous soit un
    appui.

Garde-nous des vagues, de la mer, des
    rivières,
Que jamais l'eau ne nous ingère.
Que les ponts soient solides et fiers,
Lorsque nous y poseront les fers.

Garde-nous des pluies, des tempêtes,
Des chemins de boue où l'on
    s'empêtre.
Mais aussi des soleils ardents.
Garde-nous le temps clément.

Garde-nous des bêtes voraces,
Des sangliers, ours et rapaces,
Des serpents, des loups, des saletés,
Qui nos corps ne doivent dévorer.

Garde-nous des maladies, qu'avec
    nous reste santé,
Que jusqu'à la fin marchent nos pieds.
Garde-nous des tranchées, des
montées,   des obstacles,
Que chaque vue nous soit un
spectacle.

Mais surtout garde-nous de nous-
    même,
Des peurs, des joies et leurs extrêmes.
Garde-nous de nos actes, guide-nous
    sur le trajet,
Que jamais l'on ne crève de s'être
    égaré.

Et que de nos efforts naisse notre
    espérance :
Qu'on touche l'arrivée à bonne
    cadence.

Où sont donc passées les framboises de Thurins ?

Les voitures chantent bien plus fort
     que les bourdons,
En dissonance.
Entre moi, les rues, les boutiques, les
     camions,
Pas de distance.
Où sont donc passées les framboises
     de Thurins ?
Quand j'y repense,
Le calme, la nature, ici, n'avaient
     qu'une fin :
L'inexistence.

Matin d'été

À l'aube, les nuages brûlent d'un
    amour rose,
On sent le parfum du blé dans les
    chemins.
On cueille une prune que l'on dépose
Dans un foulard aux creux des mains.

Et dans l'humidité du jour levant,
On s'avance en faisant fuir les biches.
La cape du ciel emportée par le vent,
De la nature on se sent riche.

Le sentier s'enfonçant dans les bois
    sombres,
On ferme les yeux, on écoute l'éveil
Des oiseaux qui chantent et du bois qui
    succombe
Sous le poids du nid des merveilles.

On gravit la colline en glanant
Un grand bol de mûres noires
Qu'on dévore tout en marchant,
Et nourrissant notre mémoire.

Arrivé au sommet, sur la falaise,
Toute la plaine s'étend à nos pieds.
On y voit, comme à la genèse,
La vue des dieux sur nos contrées.

Et alors que le monde renaît,
Comme tous les jours à la même
    heure,
On s'assoit au bord des forêts,
On mange la prune avec bonheur.

Là-bas, les volets s'ouvrent sur la
    rosée,
Les rires des enfants sonnent dans les
    monts.
Les voitures s'en vont travailler,
Et avant que nous ne repartions,

On inspirera une goulée d'air,
On essuiera nos quelques tâches,
Et quand tout nous sera plus clair,
On reprendra notre marche.

Rouvre la porte

Un corps.
De l'or.
De l'orge.
Un contingent.
Un champ et toi au milieu.
Tu te retournes.
Je ferme les yeux.

Un cor.
Un mort ?
Il dort,
Profondément.
Un champ et toi au milieu.
Tu ne bouges plus,
Je ferme les yeux.

Je porte.
Alors,
Au Nord,
Un renfoncement.
Mes bras et toi au milieu,
Tu respires.
Je ferme les yeux.

Borée dans l'aurore t'accorde une
    bouffée creuse,
Et j'aurais adoré les ouïr plus
    nombreuses.
À ton tour tu fermes la porte des
    paupières.
Je suis derrière... Je suis derrière !

Tout, puis rien

En ce moment, tout,
Mais demain, plus rien.
Plus de ville, plus de chemin.
Nous en souviendrons-nous ?

Du coin de la rue et son petit jardin,
De la grand-mère qui vivait là
Avec ses petits chats,
Qui sortait le matin, prendre son pain.

Et de l'orphelinat
Aux mille écoliers,
Qui jouaient, qui couraient,
De leurs mille petits pas.

Et de la halle aux bleuets,
Grand préau en longueur,
Où poussaient les clameurs
Des gens qui marchandaient.

De là où poussent les fleurs
Que je cueillais avec toi,
Au bord du petit bois,
Pendant des heures.

De l'église où la foi
Rassemblait les chrétiens.
Des cloches qui ne servaient à rien,
Qui, rouillées, ne sonnaient pas.

Penserons-nous au chien,
Qui à l'aire d'autobus,
Couché dans les crocus
Aboyait pour un rien ?

L'actuel tumulus
Nous a tout mélangé.
Le chien chez la mémé,
Les enfant en versus,

Dans les bois arrachés
Aux marchands et aux cloches,
Et nos fleurs toutes proches
De la halle aux bleuets.

Demain sera la grande coche
De tous les disparus,
De tous les détritus,
Et les deux qui s'accrochent.

La fille de l'allée des chênes

En déplacement, j'étais touché
Par une telle immobilité.
Bordant l'allée, le long des chênes,
Dans l'herbe se tenait la scène,
Se tenait aussi la jeune fille,
Et ça paraîtrait une broutille,
Mais dans ses mains pas d'appareil,
Pas d'écouteurs en perce-oreilles,
Sur son côté un simple sac.
Le souffle au rythme du ressac,
Du vent couchant les graminées
Par une belle soirée d'été.
Mais ce qui a stoppé ma course,
C'est que des yeux cherchant la
    source,
Je trouvai son occupation,
Sombrai dans la contemplation
D'un horizon sur les collines,
Berceuse en trille sibylline.
Je découvrais ce que dessert
D'être affairé à ne rien faire.

La voix

Engoncée dans son manteau rouge,
Bien au chaud dans la grotte humide,
Caressée par l'haleine brûlante,
Elle se retranchait dans l'acide.

Le froid du dehors la figeait,
Elle ne voulait plus sortir.
À quoi bon subir les rejets ?
Autant rester là et mourir.

Mais dans sa couverture de langue,
Elle rêve d'une échappée lyrique,
De se libérer de sa gangue,
D'un grand voyage symphonique !

Engoncée dans son manteau rouge,
Bien au chaud dans la grotte humide,
La voix s'éteint dans son sommeil.

Dans cette gorge, plus rien ne bouge,
Tout y est devenu livide,
On n'entend plus que les corneilles…

Fin de Chair

Chair a terminé de chanter,
Avec le chat, s'est allongé,
Chêne a calmé ses branches,

Et le mystère de l'âme qui choit
Ne chuchote à l'oreille qu'une fois,
Avant que la terre ne se tranche.

Chair qui s'épanche clôt son regard
Sur les pervenches, un dimanche soir,
Il s'envole loin vers l'éther.

Mais Chêne et Chat firent le choix
De chanter Chair avec joie,
Pour que jamais on ne le fasse taire.